SAIA DA SUA TENDA
EVITE O INEVITÁVEL

Editora Appris Ltda.
1.ª Edição - Copyright© 2023 do autor
Direitos de Edição Reservados à Editora Appris Ltda.

Nenhuma parte desta obra poderá ser utilizada indevidamente, sem estar de acordo com a Lei nº 9.610/98. Se incorreções forem encontradas, serão de exclusiva responsabilidade de seus organizadores. Foi realizado o Depósito Legal na Fundação Biblioteca Nacional, de acordo com as Leis nos 10.994, de 14/12/2004, e 12.192, de 14/01/2010.

Catalogação na Fonte
Elaborado por: Josefina A. S. Guedes
Bibliotecária CRB 9/870

S383s
2023
	Schuaste, Audimar Schuanck
	    Saia da sua tenda : evite o inevitável / Audimar Schuanck Schuaste. – 1. ed. – Curitiba : Appris, 2023.
	    67 p. ; 21 cm.
	
	    Inclui referências.
	    ISBN 978-65-250-4502-3
	
	    1. Espiritualidade. 2. Autorrealização. 3. Sucesso. I. Título.
	
	                                                               CDD – 158.1

Editora e Livraria Appris Ltda.
Av. Manoel Ribas, 2265 – Mercês
Curitiba/PR – CEP: 80810-002
Tel. (41) 3156 - 4731
www.editoraappris.com.br

Printed in Brazil
Impresso no Brasil

Audimar Schuanck Schuaste

SAIA DA SUA TENDA
EVITE O INEVITÁVEL

FICHA TÉCNICA

EDITORIAL	Augusto Vidal de Andrade Coelho
	Sara C. de Andrade Coelho
COMITÊ EDITORIAL	Marli Caetano
	Andréa Barbosa Gouveia (UFPR)
	Jacques de Lima Ferreira (UP)
	Marilda Aparecida Behrens (PUCPR)
	Ana El Achkar (UNIVERSO/RJ)
	Conrado Moreira Mendes (PUC-MG)
	Eliete Correia dos Santos (UEPB)
	Fabiano Santos (UERJ/IESP)
	Francinete Fernandes de Sousa (UEPB)
	Francisco Carlos Duarte (PUCPR)
	Francisco de Assis (Fiam-Faam, SP, Brasil)
	Juliana Reichert Assunção Tonelli (UEL)
	Maria Aparecida Barbosa (USP)
	Maria Helena Zamora (PUC-Rio)
	Maria Margarida de Andrade (Umack)
	Roque Ismael da Costa Güllich (UFFS)
	Toni Reis (UFPR)
	Valdomiro de Oliveira (UFPR)
	Valério Brusamolin (IFPR)
SUPERVISOR DA PRODUÇÃO	Renata Cristina Lopes Miccelli
ASSESSORIA EDITORIAL	Letícia Gonçalves Campos
REVISÃO	Katine Walmrath
	Daniela Aparecida Mandú Neves
PRODUÇÃO EDITORIAL	Nicolas Alves
DIAGRAMAÇÃO	Renata C. L. Miccelli
CAPA	Laura Marques

Dedico este livro a todos que não se conformam com este mundo e buscam evoluir por meio da renovação da própria mente!

AGRADECIMENTOS

Agradeço primeiramente a Deus, que me concedeu a vida e o livre-arbítrio, me permitindo percorrer caminhos que por muitas vezes me levaram à fornalha ardente, mas pela sua misericórdia e graça não permitiu que o fogo me consumisse, e sim me forjasse, me ensinando que o melhor caminho sempre é a sua vontade. Obrigado, Pai.

Agradeço a todos os meus familiares e amigos, por todo o ensinamento e amor compartilhados pelas experiências vivenciadas.

Agradeço à minha rainha, Vanessa, à minha princesa, Isadora, e ao meu príncipe, Nicolas, por acolherem minhas imperfeições e fraquezas com muito amor, paciência e zelo, me incentivando a transcendê-las. Muito obrigado.

Embora possua este universo, nada possuo, pois não posso conhecer o desconhecido, se ao conhecido me agarro.

(Robert Fisher)

SUMÁRIO

1
INTRODUÇÃO 13

2
TESTEMUNHO 16

3
A TEMPESTADE 29

4
CRENÇAS LIMITANTES 37

5
PROPÓSITO 43

6
PRINCÍPIOS 47

7
PERDÃO 53

8
O RENASCIMENTO 58

REFERÊNCIA DAS CITAÇÕES 66

1

INTRODUÇÃO

Há uma necessidade urgente de capital emocional em cada indivíduo que compõe nossa sociedade atual; nunca se viu tantos casos de suicídio como agora; pessoas sufocadas por uma era de informações sem precedentes na história, em que o uso da tecnologia se tornou mais atrativo do que a interação humana, isolando e trancafiando pessoas no subsolo do sofrimento angustiante diante da velocidade do consumo em detrimento da comunhão.

A indústria do entretenimento sequestrou nossa atenção coletiva, não mais respeitamos as singularidades de cada indivíduo como ser humano, cada vez mais nos afastamos de relacionamentos por motivos banais; conjuramos até inimigos virtuais sem ao menos conhecê-los pessoalmente, simplesmente pelo fato de alguém expor seus pensamentos negativamente segundo nossas crenças; não damos o direito de resposta aos outros nem a nós mesmos; o impulso tomou equivalência à velocidade da luz, primeiro agimos, depois justificamos e raramente refletimos.

Estamos nos tornando cada vez mais individualistas e egoístas em relação ao próximo, o que acontece com o outro não é problema meu, assistimos de camarote e inertes a acontecimentos bizarros e tragédias premeditadas como se não fossem parte do nosso mundo. O senso de pertencimento humano converteu-se em total abandono, sucumbindo na lástima da imersão no descaso.

É necessário criarmos uma lacuna de tempo para discutirmos e refletirmos sobre temas que possam evitar tantos relacionamentos desfeitos, famílias destruídas e indivíduos que buscam fugas no submundo dos entorpecentes, a fim de terem um alívio imediato para suas dores permanentes na consciência existencial, e outros tantos que não resistem mais ao infortúnio e acabam ceifando a própria vida.

Somos seres relacionais, e não podemos permitir que o anseio de pertencimento a um mundo concebido para o consumo e subordinado a sistemas analíticos de dados faça com que você seja incluído ou excluído da alcateia, mediante o resultado filtrado de seus dados preferenciais e características. Isso não pode se tornar uma realidade natural, permitindo que sua verdadeira identidade seja moldada por expectativas alheias em detrimento de seu eu verdadeiro, afastando você da verdadeira natureza, que nos gerou para a interação, acolhimento, empatia, amor incondicional e desfrute.

Nossos sistemas de mídia e educação cada vez mais privilegiam a arcaica metodologia do enquadramento noticioso, reprimindo indivíduos extremamente talentosos e interessados em tornar nossa sociedade mais justa e acolhedora, sujeitos que, se estimulados, trariam benefícios extraordinários para si e todo o seu entorno, beneficiando centenas e até milhares de pessoas. Mas elas são reprimidas de modo a não expor nada que não esteja na grade curricular dos interesses privados e individuais, elaborada por mentes burocráticas e interesseiras, que não intentam formar pensadores, mas repetidores e consumidores ávidos de tudo aquilo que seus heróis constituídos lhe apresentarem como solução pertinente, servindo como massa de manobra incessante ao sistema.

Ao permitir que seus sonhos e talentos naturais sejam reprimidos, você mata sua verdadeira identidade, não permitindo que o propósito o alcance e o arraste ao mundo de oportunidades e compartilhamento daquilo que somente você possui. Sim, cada um de nós tem algo indispensável para o desenvolvimento de outros indivíduos, de uma classe ou até de toda uma sociedade, mas, se deixarmos as mazelas gritarem mais alto, seremos como cobaias silenciosas à mercê da vontade daqueles que ousaram tentar. Não subestime o seu poder, desperte seu gigante interior e tome as rédeas da sua vida, antes que os caminhos abertos por mentes implacáveis o levem a um destino que jamais desejou.

As ideias que apresento neste livro refletem os fundamentos que avaliei como indispensáveis para superar as inúmeras adversidades das minhas experiências, a partir de tantos altos e baixos na minha vida profissional, pessoal e espiritual.

Creio que, desenvolvendo uma reflexão mais profunda sobre os temas que descrevo aqui, possa ajudar você a superar quaisquer que sejam suas adversidades no plano existencial. Anseio que seu verdadeiro eu desperte, um eu que pode ver além dos sentidos humanos e sociais, transcendendo o ego, e libertando-se para uma vida plena em amor, paz, justiça e alegria no espírito santo. Guarde o que lhe for útil e sinta-se à vontade para descartar o que não for.

> E não vos amoldeis ao sistema deste mundo, mas sede transformados pela renovação das vossas mentes, para que experimenteis qual seja a boa, agradável e perfeita vontade de Deus. Como servir por meio dos dons. (Romanos 12:2)

2

TESTEMUNHO

Na minha mocidade, sempre tive a curiosidade de achar uma explicação convincente em relação à existência humana. Batizado na igreja católica apostólica romana, sempre busquei experiências em outras religiões, com o intuito de sanar as perguntas e os questionamentos que tinha em minha mente. Sempre acreditei em um único ser como criador do universo, mas minha caminhada em outras religiões me trouxe ainda mais questionamentos; me convencendo que a religião, independentemente de sua denominação, cultiva rituais e regras a serem seguidas que nem sempre estão alinhadas com os verdadeiros ensinamentos de Jesus, criando verdadeiros discípulos religiosos, ativistas e replicadores de ritos, estabelecidos por estatutos criados pelos seus líderes por interesses diversos, gerando a percepção de que o homem pode ser salvo de si próprio por si mesmo, por meio de sacrifícios concebidos, anulando assim a graça e a misericórdia de Deus e atraindo para si a glória de seus próprios feitos.

Refletindo sobre minhas experiências, percebi que o templo de adoração ao criador somos eu e você, dentro de nós habita o reino dos céus e que a religião de Deus não é cultuar objetos sagrados no templo, ou parafrasear vãs repetições idolatrando o sacrifício como autossalvação. Não é uma busca vertical, e sim horizontal, não é uma escalada para os céus, mas um caminho na terra em direção ao próximo, acolhendo os órfãos desamparados em suas tribulações existenciais, de forma permanente e sem distinção, enquanto se preserva o coração da contaminação mundana, da egolatria, que oferenda todo tipo de imundice cultivada para a própria destruição e morte.

Pelo livre-arbítrio concedido pela criação, temos a escolha sobre o que considero as duas únicas leis que governam nossas possibilidades: atração e repulsão. Diariamente escolhemos livremente o que desejamos fazer e com quem queremos estar atraindo aquilo que seja de nosso interesse e, da mesma forma, repulsamos aquilo que não achamos conveniente, ou interessante naquele momento, seja ler, escrever, cozinhar, conversar ou desfrutar. Essas escolhas diárias são o que determina nossa realidade emocional, financeira e espiritual; projetadas no plano físico que vivemos, são reflexos do poder de escolha a nós concedido, entre atrair ou repulsar.

É na comunhão entre a imaginação e o desejo que tudo se torna possível; porém, quando desejos e imaginação estão em conflito, invariavelmente a imaginação vence; tudo em que pensamos se expande, e acabamos por atrair até o medo de perdermos algo ou alguém, pois acaba por acontecer exatamente como temíamos em nossa mente, mesmo que não desejássemos.

Aos meus 19 anos, sofri um acidente de caminhão; estava iniciando na profissão que almejei, caminhoneiro; capotei o veículo que dirigia em um viaduto, vindo a despencar em um barranco de cerca de cinco metros de altura; permaneci trancado nas ferragens por cerca de duas horas até que os bombeiros conseguiram me remover; sofri alguns cortes nas pernas e perdi os movimentos do braço esquerdo; o médico que fez o atendimento no pronto-socorro cogitou amputá-lo, mas deixou a escolha para mim;

optei por colocar uma tipoia na esperança de que o tempo e Deus restaurassem os movimentos; após três semanas, comecei a sentir dores insuportáveis e iniciei sessões de fisioterapia. A possibilidade de amputação foi descartada e se iniciou um ciclo de três sessões semanais, com dores indescritíveis. Tive desejo de cometer suicídio com a intenção de cessar tanto sofrimento, mas suportei a tribulação física e mental até que a graça me alcançou e meus movimentos do braço voltaram à normalidade.

Sem oportunidade de reiniciar na profissão, assim que me recuperei, procurei emprego em minha cidade, de cerca de dez mil habitantes. Tudo girava em torno de caminhão, que era o propulsor da economia local, mecânicas, apara-barros, borracharias, entre outros. Mas não obtive êxito, pois não tinha experiência nas áreas e a oportunidade era escassa. Então o destino mais uma vez proporcionou a oportunidade de voltar à profissão, foi-me ofertado um veículo cujo motorista havia carregado, mas não pôde viajar, fui contratado apenas para uma viagem, era a possibilidade de demonstrar novamente minha capacidade, e quem sabe abrir alguma oportunidade de emprego novamente na área, além da necessidade financeira, pois me encontrava em situação de muita escassez, devido aos custeios médicos durante o período de recuperação pós-acidente.

Iniciei a viagem em uma quinta-feira por volta do meio-dia, o destino era a cidade de São Paulo, cerca de 1.200 km de minha cidade; dirigi a tarde e a noite inteira, pois o prazo para entrega era na sexta-feira até meio-dia, com carga de retorno já garantida. Segui com prudência e fé minha viagem em busca de garantir que tudo fosse cumprido conforme tratado. Por volta das 6h30, em uma curva da estrada, o destino se apresentou novamente e interrompeu o sonho mais uma vez. Um motorista de uma carreta que vinha no sentido oposto perdeu o controle do veículo e veio a colidir com o caminhão que eu dirigia.

Iniciava mais uma etapa de reconstrução em minha vida, mas com esperança e felicidade por ter sobrevivido a tamanho impacto. Quebrei o fêmur da perna esquerda e permaneci cerca de 15 dias hospitalizado em São Paulo. Após voltar do hospital, fiquei cerca de seis meses de cama até que voltasse a caminhar de muletas. Assim que fui liberado para caminhar apenas com uma das muletas, consegui novamente um caminhão para trabalhar, diante de inúmeras contrariedades de familiares e amigos, que me pediam para não ir mais, pois, além de meus acidentes em um curto espaço de tempo, tinha perdido um irmão com 17 anos, também de acidente de caminhão; minha mãe não suportaria mais uma perda, o cenário era totalmente propício à desistência de tentar mais uma vez.

Mas relutante, movido por uma fé inabalável, contrariei as expectativas e iniciei mais uma vez minha jornada em busca de realizar meus sonhos, embarquei no veículo com uma muleta me auxiliando na caminhada.

Viajei por um período de quatro meses e novamente tive que parar, precisei passar por nova cirurgia no fêmur, pois a placa que haviam fixado se soltou, foram mais seis meses de recuperação. Após esse período, reiniciei novamente a trajetória na profissão que escolhi, desta vez com menos motivação e por mais necessidade. Viajei por dois anos sem nenhum obstáculo que me fizesse parar novamente, protegido por Deus nas estradas que um dia tentaram ceifar meus sonhos.

Nessa fase de minha vida, já estava namorando com quem é hoje minha esposa e um novo sonho nascia em meu coração, o de empreender em um negócio próprio, a fim de ficar mais perto e presente com os que eu mais amava. Não tinha a mínima ideia do que poderia fazer, sem os recursos necessários para abrir qualquer tipo de negócio, nem mesmo habilidade administrativa ou profissional em alguma área, mas quando a fé é maior que as circunstâncias, o sobrenatural aparece e faz a obra acontecer. Em uma noite durante uma das viagens, dormindo tive um sonho inusitado, sonhei que estava montando um boxe de banheiro, acordei inspirado, mas sem a mínima ideia de como implantar um negócio nesse ramo, pois não tinha conhecimento nenhum sobre o assunto. Mesmo assim, algo dentro de mim falava mais alto e dizia para dar o primeiro passo, que é fechar a janela aberta para que a porta necessária seja aberta: abandonar um emprego estável, bem remunerado tendo em vista os padrões de emprego na minha região. Depois de tanta luta para conquistar o tão sonhado, soava aos ouvidos alheios como loucura, mas foi exatamente o que fiz, larguei meu emprego, sem recursos financeiros para qualquer possibilidade de empreender, pois minhas remunerações durante esse período foram para custear as dívidas adquiridas das minhas cirurgias após os acidentes.

Permaneci por um mês recebendo ofertas de emprego como motorista. Relutante e obstinado a abrir meu próprio negócio, recusei qualquer proposta, por muitas vezes ridicularizado por familiares e amigos, pois minha situação não condizia em nada com o que sonhava fazer, mas uma voz mais alta dentro de mim silenciava o barulho oponente que se levantava contra meu sonho. Em um certo dia após milhares de pensamentos sobre por onde começar, lembrei de um parente distante que trabalhava com vidraçaria em uma cidade, entrei em contato com ele e perguntei se poderia me passar uma lista do que precisava comprar para iniciar a atividade como vidraceiro; ele, sem demonstrar interesse, acabou por passar uma lista com algumas ferramentas necessárias para começar.

Anotei em um papel o que precisava e comecei a pensar de que maneira poderia comprar os itens da lista, visto que não tinha recursos e minha família também não os possuía; minha mãe trabalhava de doméstica em uma escola e sua remuneração humildemente custeava as necessidades da casa, ela ficou viúva quando eu tinha um ano de idade, meu pai faleceu e ela com três filhos para criar precisou de muito esforço para sustentar a família. Ao lado de nossa casa, mora uma de suas irmãs, ela também trabalhava na mesma escola que minha mãe, porém com mais tempo de emprego e melhor remuneração, foi a ela que recorri para ter os recursos de que necessitava para abrir meu próprio negócio. Ela não possuía recursos financeiros alocados em banco ou em casa, mas minha inspiração para prover o dinheiro que necessitava veio de sua profissão, ela como funcionária pública tinha a seu dispor linhas de crédito aprovadas com débitos consignados em sua folha de pagamento, isso eu já sabia, bastava agora convencê-la a fazer o financiamento e emprestar-me o dinheiro para abrir um negócio, sem experiência alguma, mas que de alguma forma tinha que prover lucros para pagar as prestações.

Criei coragem e fui conversar com ela, sua primeira reação após expor meus planos a ela foi um não, seguido de uma pergunta: você está louco? Tive que mudar minha estratégia e convencer alguém que pudesse tocar seu coração, minha prima, conversei com ela e a convenci de que, caso meu negócio não desse certo, voltaria à minha profissão de motorista, e minha remuneração na área cobriria as prestações da dívida que minha tia assumiria, ela comprou a ideia e convenceu a sua mãe a fazer o empréstimo e me ajudar.

Foram dez mil reais pegos no banco, que diluídos em parcelas totalizavam cerca de vinte e três mil reais a serem quitados em cinco anos. Na posse do dinheiro, iniciei minha trajetória como empreendedor; com pouco recurso, já tive que tomar decisões cruciais para não quebrar antes mesmo de começar.

Na minha lista constavam ferramentas, veículo para transporte das mercadorias e matéria-prima para estoque; tive que riscar da lista itens que julgasse não serem extremamente necessários para a produção. Aliás, ainda não sabia como se produzia boxe nem como se cortava vidros. Comprei um veículo ano 1989 por sete mil reais e com os três mil restantes, algumas ferramentas e algumas chapas de vidro, que estocamos em um quarto adaptado na casa de minha mãe, onde iniciei as atividades, pois não tinha condições de locar um espaço, não tinha capital de giro e a primeira prestação já venceria em alguns dias.

Na primeira venda, tive de convencer a cliente a pagar à vista, pois caso contrário não teria como repor o estoque e dar continuidade no negócio, visto que minha primeira compra foi pequena, sua obra consumiu toda matéria-prima que eu havia estocado.

Sem experiência na atividade que escolhi empreender, precisei de um esforço descomunal de dias e noites de estudos e pesquisas sobre o ramo para criar autoridade no assunto, além do malabarismo financeiro e administrativo para honrar em dia os compromissos assumidos, privando-me de muitas coisas básicas pessoais, em favor da empresa. Foram cerca de cinco anos até conseguir obter lucros consistentes e ter um pouco de estabilidade profissional e pessoal; nessa época, já havia me casado e necessitava colaborar no orçamento familiar.

Como em qualquer atividade comercial, existe a concorrência, necessária para balizar e certificar a qualidade dos produtos e serviços daqueles que se sobrepõem, mas muitas vezes ela é desleal e acaba por prejudicar concorrentes e clientes, usando atributos de venda que não condizem com a veracidade dos fatos, e que somente serão percebidos depois do dano estar concretizado. Diante dessa situação, me vi envolvido por concorrentes com maior potencial econômico, gerando ofertas milagrosas em forma de permutas, o que me impossibilitava de cobri-las; fiquei praticamente sem opção de continuidade diante de tamanha concorrência, que tendia somente a aumentar, tomei a decisão de vender a empresa.

Após três meses da oferta e negociação, consegui concretizar o negócio, vendi para uma fábrica de móveis que tinha intenção de abrir uma nova empresa na atividade que eu exercia. Na época já havia investido em outra atividade, abri uma empresa de transportes que contava com dois veículos que eu havia adquirido, operando em viagens interestaduais. Fiquei por um período administrando essa empresa, além de vender cortinas de uma fábrica de que havia pego a representação enquanto era proprietário da vidraçaria.

Nesse período, tomei a difícil decisão de passar por nova cirurgia para retirada da placa fixada no fêmur. Além de retirar um corpo estranho de minha carne, ainda me possibilitaria praticar esportes, como futebol, do qual eu gostava muito, mas me foi recomendado não praticá-lo devido à platina no fêmur. Passei pela cirurgia, foram cerca de seis meses de recuperação até que fui liberado pelo médico para praticar as atividades normais do dia a dia.

Meus negócios não estavam financeiramente indo bem nesse período, um dos veículos que adquiri foi furtado no primeiro ano de trabalho, tinha seguro, porém levei alguns meses para conseguir substitui-lo por outro; que por sua vez em um ano gerou problemas mecânicos no motor por três vezes, sem garantias, tive prejuízos que tornaram inviável mantê-lo em atividade, não tinha opção senão vendê-lo e permanecer apenas com um dos veículos, que era financiado.

Com muitas dívidas, após o término de minha recuperação da terceira cirurgia, comecei a me dedicar mais à atividade de cortinas, da qual possuía a representação, mas no primeiro serviço, durante a instalação, tive um acidente, em um tombo vim a fraturar o fêmur da mesma perna mais uma vez, tive que passar por nova cirurgia, quando foi colocada uma haste por dentro do osso, com a qual permaneço até hoje.

Diante das adversidades, tive que continuar forte, com o intuito de me reinventar, pois nesse período já tinha nascido minha primeira filha e tinha, de alguma maneira, que me reerguer dos escombros. Meu irmão, o qual trabalhou comigo desde meu primeiro empreendimento, me propôs uma sociedade, aceitei e abrimos uma loja com showroom próprio de cortinas e persianas. O negócio prosperou durante os dois primeiros anos, conseguimos em paralelo investir em imóveis dos quais obtivemos lucros após a revenda. Com a prosperidade do negócio e nossa ambição aguçada, decidimos alçar novos horizontes, porém os problemas se iniciaram quando resolvemos ampliar os negócios com uma filial em outra cidade; para tanto necessitamos adquirir empréstimos em instituição financeira, mas as vendas caíram e a filial só nos trouxe prejuízos. Em pouco mais de um ano, estávamos endividados e não possuíamos mais patrimônio líquido para que pudéssemos vender e saldar as dívidas. Nossa solução foi migrar para o ramo de esquadrias, do qual tínhamos conhecimento mais abrangente e assim poder alavancar um volume financeiro maior de vendas, visto que os valores e as demandas eram maiores. Porém, para que pudéssemos conquistar as demandas necessárias, colocamos mais dois sócios na empresa, um dos quais tinha muita experiência em vendas na atividade, pois possuíra uma empresa consolidada no mercado, mas havia vendido sua participação para seu outro sócio.

Foram cinco anos de muita coragem, desafios imensuráveis entre discordâncias de direções a serem tomadas, malabarismos financeiros em busca do mantimento da credibilidade diante de credores, até que finalmente conseguimos a tão sonhada liberdade financeira; a empresa se consolidou como referência no mercado e nossos clientes eram fiéis, mantendo um ciclo de trabalho constante e rentável por um período de três anos. Mas o custo de tantos conflitos societários levou-nos a um desgaste emocional insustentável, não havia mais sinergia e vontade de manter as atividades, levando-nos a vender a empresa e desfazermos toda a sociedade.

Mas, com todas as dívidas liquidadas, havíamos adquirido alguns investimentos imobiliários e a saúde financeira era estável, nos possibilitando uma venda saudável e lucrativa da empresa, e todos os sócios saíram satisfeitos e financeiramente saudáveis, inclusive eu.

Porém me sentia cansado e emocionalmente abalado diante de tantas frustações que havia passado nesse período, não somente na empresa, minha casa havia incendiado e tivemos que nos afastar por dez meses até que conseguimos finalizar a reforma e retornar para o lar, na época já tínhamos uma filha de 3 anos.

Com um patrimônio líquido bastante saudável, estava com uma vida financeira relativamente abastada, mas meu instinto empreendedor ainda ansiava por algo maior e que tivesse junto uma realização pessoal em alguma área que eu gostasse.

Iniciei um novo projeto, porém minhas perspectivas foram frustradas das formas mais horripilantes, que ainda não havia vivenciado. Não me sinto à vontade no momento para relatar detalhes dessa experiência, só posso afirmar que nesse período as ondas foram mais fortes do que meu barco pudesse suportar. Não naufraguei, mas fiquei à deriva, flutuando entre pensamentos bizarros que me levaram a uma crise existencial. Foi nesse período que tive a convicção de que não são as pessoas nem mesmo as circunstâncias que criam nossa realidade, e sim nossas crenças em relação a elas.

Estou certo de que tudo que passei entre os vales sombrios foi concebido e atraído pelo meu subconsciente à realidade do plano físico. Como sei disso?

Uma das experiências que vivi foi a partir de uma crença limitante, instaurada inconscientemente em minha mente no primeiro ano de minha vida, após o falecimento de meu pai, aos 41 anos de idade. Cresci com a percepção de que seria essa idade meu limite existencial. Depois de completar a reforma pós-incêndio em nossa casa, fomos agraciados pelo nascimento de mais um filho, um menino lindo, completando nossa felicidade matrimonial, com um casal de filhos maravilhosos. Porém, minha mente concebia automaticamente e insanamente a perspectiva da proximidade de meu fim, olhava aquele menino e a lembrança da morte de meu pai vinha atormentar meus pensamentos, pois minha idade se aproximava do limite imposto pela crença traumática pela qual havia passado, e meu filho tinha a idade que eu tinha na época.

Passei os últimos anos como se realmente fosse partir, busquei tentar arranjar meios para que minha família ficasse financeiramente estável, sem nós criados pelas minhas atitudes que precisassem lutar para desatá-los, pois não queria que minha esposa passasse as dificuldades ferrenhas que minha mãe precisou passar, viúva com três filhos para criar e sem nenhuma perspectiva financeira para isso.

Em meio ao pesadelo pelo qual eu estava passando, foi quando refletindo percebi que a realidade criada era fruto dessas experiências traumáticas, enraizadas como crenças verdadeiras em meu subconsciente, sendo ele o motor que mantinha a centrífuga da minha concepção imaginária a girar. Assim, quando descobrimos que nossa realidade não é nada mais que o significado que damos às coisas, a partir de nossas perspectivas moldadas pelas experiências vividas, sabemos que é o momento de desligar o motor incendiário, tomando a consciência de que fogo não se apaga com fogo. É a hora de sair do estado gasoso alimentado pelo oxigênio das crenças errôneas, se tornando em estado líquido, moldável, fluindo e desobstruindo barreiras que antes eram intransponíveis.

Meus relatos sobre as experiências vividas não tem o intuito da auto vitimização, mas são para testemunhar a você que vivemos exatamente aquilo que criamos em nossa mente, seja consciente ou inconscientemente, que é possível sair de qualquer circunstância indesejada que se esteja vivendo, que por muitos anos também cri que a vida era um celeiro de incertezas até ter a certeza de que o "eu sou" habita dentro de mim e de você e, ao permitir que ele seja a sua consciência, o inevitável se torna evitável, o impossível se torna possível, o seu destino é regido pela sua própria escolha e não mais pelas circunstâncias.

Evitar o que chamamos de inevitável é não acreditar que o inevitável exista, o acaso, o destino, a sorte ou o azar, não importa a denominação que se faça, é você inconsciente ou consciente que os atrai.

> E disse mais: "O que sai do ser humano é o que o torna impuro". Pois é de dentro do coração dos homens que procedem aos maus pensamentos, as imoralidades sexuais, os furtos, os homicídios, os adultérios, as ambições desmedidas, as maldades, o engano, a devassidão, a inveja, a difamação, a arrogância e a insensatez. Ora, todos esses males procedem do interior, contaminam a pessoa humana e a tornam impura. (Marcos 7:20-23)

3

A TEMPESTADE

A tempestade é a mãe da oportunidade. Soa um pouco arrogante aos seus ouvidos essa frase, não é? Você deve estar pensando que tendo uma vida estável, confortável, com bons relacionamentos, sem preocupações financeiras e com a família saudável e unida, fica fácil expressar tal argumento, pois afirmo que não; a autoridade nasce na dor, e é ela que proporciona as ferramentas de que você necessita para despertar seu verdadeiro eu, incapaz de enxergar obstáculos, com a sabedoria de que é no caminhar que se constroem os caminhos, e não o destino inalcançável que o falso eu, nosso ego constrói, para que você não inicie a caminhada pensando sempre na impossibilidade diante das experiências negativas e frustradas de tentativas passadas, evidenciado uma incapacidade que você alimenta inconscientemente de que o impossível existe. Uma criança cai de mil a duas mil vezes antes de aprender a caminhar, mas você nunca verá alguma delas exclamar "ah, eu desisto, isso não é pra mim"; a criança é a essência divina que nós adultos permitimos que o ego enterrasse, é preciso ressuscitar a perseverança adormecida da criança que habita em você, a que brinca na chuva até mesmo diante das piores tempestades.

Há inúmeras pessoas detentoras de todas as bênçãos imaginadas e desejadas pela maioria dos homens, dispostos a darem suas fortunas para alguém que os pudesse tirar da crise existencial que vivem, mas como alguém que detém plenitude em todas as áreas de sua vida pode ter crise existencial? Nada pode preencher o vazio deixado pela criança que adormeceu no seu interior, evite progredir em qualquer área de sua vida, quando não for o seu verdadeiro eu, a criança desperta, a mola propulsora de seus desejos, pois o inevitável acontece quando castelos são construídos sobre a areia, uma obra alicerçada sobre os fundamentos errados não resiste à primeira tempestade.

Talvez sua tempestade seja no amor, na sua profissão, na família, nas finanças, na vida espiritual, não sei em qual área você se encontra no meio dela, ou talvez em algum momento você tenha que enfrentá-la, mas lembre-se que antes de ter sua solução desejada é necessário ser, transformar-se no despertar da consciência do eu sou. Quando somos a essência verdadeira de nós mesmos, não há mais a frustação sobre expectativas que o falso eu constrói, pois já não criamos mais expectativas, e sim desfrutamos como se já tivéssemos conquistado o que desejamos. Se você deseja amor, seja amor; se deseja abundância, seja grato pelo que já possui; mesmo por aquilo que ainda não tem, agradeça como se já o possuísse, com sentimento de estar usufruindo de tal desejo; como uma criança brincando de castelo, ela sente verdadeiramente ser o rei ou a rainha, tente contrariá-la e verá que ela não aceita nada em troca da verdade que criou e está desfrutando naquele momento. Como as crianças devemos transcender os nossos sentidos e possuir esse desejo ardente de ser aquilo que desejamos ser, até que o milagre da inocência como canalizador da existência de tudo aquilo que estava em oculto se torne uma verdade absoluta de seu dia a dia; permita que o espírito de coragem que em você habita prevaleça em suas atitudes, mortificando em si mesmo todas as paixões da carne que o aprisionam no vale das trevas, convergindo para a luz e desfrutando de uma dimensão em que o impossível não existe. Sempre há uma oportunidade equivalente diante de qualquer situação, ao abraçá-la, a tempestade acalma.

Quando nosso barco está à deriva e o mar revolto não quer se acalmar, nossa angústia tende a aumentar, nos levando a crer apenas na destruição inevitável, não permitindo que vejamos o poder dessa transformação equivalente, acreditando que será o fim, mas lembre-se que bons marinheiros não nascem em mares tranquilos, uma fase não é o fim.

As adversidades devem ser vistas como elementos fortificantes que permitirão levar você a um outro nível, e não como muralha intransponível, usada como muro de suas lamentações. O ferro só vira aço após adição de carbono e elevado a altas temperaturas, se tornando um material extremamente rígido e útil em diversos segmentos, assim somos eu e você, precisamos ser moldados pelas intempéries das tempestades.

Das tempestades, no plural, pois elas sempre virão e, se você não degustar o fruto de cada ensinamento que elas trazem consigo e não refletir sobre sua responsabilidade na sua formação, em algum momento ela virá mais forte, e seus alicerces poderão não resistir, tornando a limpeza do terreno em que você habita inevitável, para lhe ensinar a reconstruir. Muitas pessoas ancoram seus alicerces nos seus bens, em suas propriedades materiais, confiando severamente que não serão atingidos por nada externo ao seu mundo, tripudiando sobre relacionamentos em prol daquilo que a traça e a ferrugem irão consumir, até que o fim se aproxima e o balanço existencial se torna inevitável, expondo que o que acumularam compra a casa, mas não o lar; o remédio, não a saúde; os prazeres da carne, mas não a companhia de amizades verdadeiras; e a dor de não poder mais remir o tempo e restaurar os muros derrubados se instala.

Evitamos muitas dessas tempestades, se tivermos consciência de que algumas delas somos nós que criamos, pelo ego, orgulho, vaidade e tantas outras emoções que emergem da nossa natureza pecaminosa, devemos dominá-las antes que ajam livremente, causando dor e sofrimento para nós e aos outros. Nos relacionamentos, uma maneira de evitá-las é se questionando diante de uma discussão, sobre qualquer assunto. Meu argumento vai edificar a mim, ao outro ou a algum terceiro envolvido? Se a resposta for não, silencie.

O autodomínio sobre as suas emoções evitará que crenças errôneas que você carrega se manifestem no plano físico dos seus relacionamentos, pois somos seres relacionais e todas as tempestades surgem dos conflitos entre as crenças e as emoções; então, a partir do domínio próprio é possível significá-las de uma nova perspectiva, com clareza, e não deixando se levar pelas emoções, criando mundos sombrios para si próprio.

Não são as pessoas ou as circunstâncias que o aprisionam onde você não quer permanecer, são suas expectativas emocionais frustradas que se manifestam continuamente em ciclos diários e ininterruptos do mesmo; criando hábitos que criam histórias que você conta para você mesmo; enraizando matrizes mentais de que não é possível recomeçar, se levantar, correr e triunfar sobre novos horizontes e novas perspectivas.

Seu maior inimigo vive dentro de você mesmo, se você permitir que ele governe, certamente ficará aprisionado ao passado indesejado ou ao futuro das incertezas, não permitindo que a divindade presente em você se manifeste, criando oportunidade no agora, gerando sementes que semeadas germinarão e se multiplicarão no reino da bem-aventurança que você foi criado(a) para habitar. A facilidade é uma ameaça maior ao progresso que a dificuldade.

Não é sobre ter, é sobre ser; a cultura do vitimismo impede que projetos esplêndidos tomem forma na esfera física, com potencial de transformação exponencial para si, para empresas, para a sociedade e até para a humanidade. Vítima não prospera, está sempre no núcleo da tempestade, culpando o tempo, os outros e as circunstâncias como desfavoráveis para solucionar problemas, as ferramentas que possui nunca são suficientes, terceirizando a culpa de sua ignorância. A grande maioria dos maiores feitos da humanidade nasceram de mentes que do fundo de um poço emergiram, após decidirem mudar em vez de repetir, em ambientes desfavoráveis, as óticas do ceticismo, de um quarto ou de uma pequena garagem, nasceram ideias que transformaram completamente a maneira como vivíamos. O talento o coloca em muitas mesas estratégicas, mas é o seu comportamento que mantém você lá.

Não coloque sob o prisma de esperar o ambiente perfeito para iniciar a mudança necessária para que seu eu verdadeiro se manifeste, trazendo à luz o que sempre sonhou ser, o ambiente só pode influenciar se você permitir. Se estiver quente, lembre-se de que o aço é forjado a altas temperaturas; se estiver frio, é quando se produzem as melhores uvas, que produzirão os melhores vinhos; é sob pressão que se extrai da azeitona o mais puro azeite; se fosse pelo ambiente perfeito, Noé esperaria chover para começar a construir a arca; se fosse pelo ambiente perfeito, Adão e Eva não teriam caído do paraíso; se fosse pelo ambiente, Jesus teria nos condenado, nos destruído pelo poder que possuía, no entanto entregou-se para que se cumprisse sua missão; não é sobre ter, e sim sobre ser.

Existem inúmeras histórias reais e inspiradoras de pessoas que compreenderam que não eram as tempestades que as condicionariam a viver sob os escombros, mas que usariam suas experiências justamente para se tornarem autoridades, potencializando seu comprometimento com a mudança do ser, em consequência ajudaram milhares de pessoas a sair de suas ruínas para a honra, demonstrando ser possível quando nos comprometemos a vencer os monstros que nos aterrorizam, criados pelo falso eu, o ego.

Uma das maiores histórias de que tenho conhecimento é a de Tony Robbins, nascido em 29 de fevereiro de 1960, na cidade de Glendora, Califórnia, Anthony J. Mahavorick assistiu à sua mãe se casar algumas vezes após ter se divorciado de seu pai quando ele tinha apenas 7 anos de idade. Mas foi seu padrasto, Jim Robbins, que o adotou legalmente quando Anthony já estava com 12 anos. Desde aquele momento, Anthony passou a adotar o sobrenome de Jim. A infância de Tony não foi das mais fáceis, já que desde cedo ele precisou trabalhar como um faz-tudo para ajudar a sustentar seus outros dois irmãos mais novos.

Anthony Robbins relata uma história que o marcou em sua infância, na época seu pai e sua mãe eram casados, seu pai havia perdido o emprego e eles se encontravam em condições precárias de subsistência. Em um feriado de ação de graças, um dos mais importantes feriados da cultura americana, as famílias se reúnem para cearem e celebrarem juntos, seus pais discutiam quando a campainha tocou, Tony foi atender e era um homem oferecendo uma caixa com alimentos para a ceia, ele empolgado na esperança de que poderiam celebrar todos juntos correu para chamar seu pai, mas ele não aceitou a oferta de caridade, oferecida por um estranho, alegando, sob o efeito do ego, que não era homem que vivia de ajuda, naquela noite, depois da discussão, seu pai foi embora e nunca mais voltou.

Sua carreira começou aos 17 anos, naquela altura ele já havia saído de casa para deixar para trás uma vida caótica e cheia de abusos, na busca de escrever uma nova história, melhor que a que vivera até o momento, decidido a não voltar mais, Tony trabalhou como zelador para ganhar a vida. A primeira oportunidade na área profissional em que atua hoje ocorreu quando ele se tornou encarregado de promover os eventos de outro palestrante motivacional da época, Jim Rohn.

Ele se tornou um estrategista, escritor e palestrante motivacional estadunidense, para se ter uma ideia, esse coach já capacitou cerca de 50 milhões de pessoas, por meio dos seus áudios marcantes, vídeos e treinamentos diversos. Ele elaborou um programa de desenvolvimento pessoal e profissional considerado imbatível, atraindo profissionais e organizações em todo o planeta, realizando palestras sobre técnicas que permitem utilizar os recursos de comunicação interna e externa ao indivíduo de forma mais eficiente. Seus livros foram publicados nos idiomas mais falados, várias personalidades internacionais receberam seu treinamento, tais como Erin Brockovich, Andre Agassi, Norman Schwarzkopf, princesa Diana, o ex-presidente dos Estados Unidos, Bill Clinton, Sir Anthony Hopkins, Roger Black, Martin Sheen, Arnold Schwarzenegger e Quincy Jones.

Se você quer conhecer um pouco mais sobre o trabalho de Tony, tem um documentário na Netflix: *Eu não sou seu guru*.

São histórias que nos inspiram e certificam de que é possível, sim, renascer para uma vida extraordinária em todas as áreas, mesmo após grandes tragédias impostas pelas tempestades da vida; e evitar assim que o ciclo tempestivo e caótico se repita, levando inevitavelmente ao mesmo caos vivenciado, para outras pessoas; é necessário coragem para ser disruptivo, não ficar se lamentando sobre os escombros é o primeiro passo para sair da tempestade, é caminhando que se faz o caminho, se você ficar garimpando os escombros só encontrará migalhas de lembranças indesejadas. O seu desejo é uma ordem, o milagre acontece a partir do momento em que escolher alimentar a fé em vez das feridas.

> Então, em meio ao seu desespero, clamaram ao SENHOR, e Ele os livrou de suas tribulações: reduziu a tormenta a silêncio, e emudeceram as temíveis ondas. Alegraram-se, porque elas amainaram, e Ele os conduziu ao porto ansiado. (Salmos 107:28-30)

4

CRENÇAS LIMITANTES

Por mais enraizada que estiver uma crença, ela pode ser desfeita, cientificamente foi comprovado que os neurônios podem ser refeitos, mesmo os que foram destruídos; aquilo que você pensa sobre você veio sob o poder da repetição, ou de um trauma que tenha ocorrido, que o impactou emocionalmente, criando um bloqueio; se possui uma dificuldade na área de comunicação, por exemplo, pode ter sido um trabalho que apresentou na escola e, durante a apresentação, se esqueceu do texto e gaguejou, riram de você, foi um evento único, mas impactou de tal forma que criou uma sinapse neural.

Todos nós carregamos histórias marcadas por situações que moldaram nosso ser atual e por tudo que acreditamos como nossas verdades, possuindo cicatrizes que testemunham os espinhos que nos feriram durante a caminhada, mas se você possui algum ferimento ainda em aberto ele precisa ser cicatrizado, do contrário, ele pode te fazer sangrar em pessoas que não te feriram.

A cicatriz não causa dor, e não serve para relembrar o passado dolorido, mas para demonstrar, a você e a mim, que somos capazes de suportar e superar adversidades que se imponham pelo caminho, basta que permaneçamos na mesma fé que cicatrizou as feridas passadas.

Primeiro é necessário ir na fonte de suas crenças e questionar a sua verdadeira natureza, muitas das coisas que você tem como verdade absoluta são o que te aprisiona no ciclo de impossibilidades; ao replicar informações instaladas e arquivadas no seu subconsciente instintivamente você constrói de maneira inconsciente a realidade no plano físico e, se não for o arquivo correto para a situação em si, o resultado é a colheita do que essa crença gerou, muitas vezes machucando você e a outros, é necessário dar um novo significado a ela, com os olhos da consciência.

O modelo que possuímos como verdade em nossa mente foi programado a partir de fontes primárias de nossos relacionamentos, pais, irmãos, amigos, figuras de autoridade, professores, líderes religiosos, mídia e cultura, foram essas fontes que, por meio de suas crenças, conscientes ou inconscientes, replicaram a você seus modelos de mundo, moldando a maneira de você pensar e agir diante das diversas situações cotidianas.

Não é por maldade que nos ensinam ou condicionam a vivermos de tal forma, simplesmente replicam aquilo que receberam também como ensinamento ou, em muitos casos, por meio de experiências traumáticas que tiveram, na tentativa de proteger você do mesmo evento doloroso que vivenciaram, replicando como verdade aquilo que não passa de um bloqueio; e se não questionarmos a verdadeira natureza de tal informação, continuaremos a replicar a nossos filhos e a todos que amamos essas crenças; que por vezes destroem sonhos magníficos, isolados no baú da descrença, por não acreditarem mais em si mesmos, mas no que foi dito por alguém que em seu mundo é a verdade sobre tal fato.

Muitas pessoas sonham em constituir uma família e, quando realizam isso, acabam por destruí-la inconscientemente, replicando aos seus filhos e cônjuge atitudes provenientes de suas experiências e ensinamentos do passado, afastando de si as pessoas que mais amam pelo fato de nunca questionarem por que agem de tal maneira, gritando quando era para ouvir, xingando quando era para aconselhar, negando quando podia ajudar, se afastando quando era para abraçar.

Não se permita viver nas sombras das opiniões, analise-as e verifique se encaixam em uma realidade plausível para você, ou se a opinião fala mais da pessoa que a verbalizou, seja pelas suas experiências ou interesses. Claro que devemos seguir regras, isso é necessário para que vivamos em comunhão e respeito às diferentes visões de mundo, falo de quando você reprime seu desejo de cantar porque lhe disseram que sua voz não é talentosa; de cozinhar, porque você não cozinha tão bem assim; de falar em público, porque te mandaram calar a boca quando você foi expor sua opinião; de abrir uma empresa, porque te disseram que você não sabe administrar nada; de dizer eu te amo para alguém, porque te falaram que isso é meloso demais; de chorar quando tem vontade, pois lhe disseram que isso é para os fracos; de recomeçar, pois você já demonstrou ser um fracasso nessa área.

Cuide e vigie seus pensamentos, deixe eles fluírem naturalmente, mas não dê atenção ao barulho que fazem, aceite apenas os que edificarão algo de bom para sua vida, repita-os com frequência, até que instale o drive positivo no seu subconsciente, não permita pensamentos ou palavras de fracasso, troque o "eu sou burro" por "eu sou inteligente"; "eu sou pobre" por "eu sou abundantemente próspero"; "eu não sou capaz" por "eu sou capaz", reclamar pela gratidão. Lembre-se sempre que a lei natural para construção de qualquer desejo começa no pensamento, por isso é tão importante você pensar de maneira correta, pensamentos geram sentimentos, que geram ações e, por fim, geram seus resultados.

Não importa o tamanho de seus sonhos, todos são possíveis quando você se propõe a alterar suas crenças errôneas que conta a si mesmo e passa a não mais se esconder para que as pessoas não se sintam inseguras ao seu redor, não há nada de iluminado nisso, você nasceu para manifestar a glória de Deus que habita em você.

É a crença limitante que faz de você um escravo, vá direto à fonte delas e questione em que momento essa informação foi recebida, e por quem, talvez a fonte que a repassou a você por meio de palavras ou experiências não seja autoridade no assunto, gerando em você um bloqueio que o mantém replicando em sua vida a mesma crença. Na maioria dos assuntos referentes a dinheiro, por exemplo, escutamos que ele é sujo, que dinheiro não traz felicidade, que ele é a fonte de todo mal, e o que acontece? Acabamos na grande maioria, depois de adultos, tendo sérios problemas financeiros, pois inconscientemente repelimos a abundância de nossas vidas por crermos de maneira errada, afinal, o que cremos como mal afastamos de nossas vidas.

O que acontece na sua vida é uma projeção de sua mente subconsciente, alimentada pelo seus pensamentos conscientes, por isso a necessidade de cuidar do que você pensa, eliminar pensamentos negativos assim que surgirem, negando-os e substituindo-os por pensamentos positivos. Como já mencionei, você atrai aquilo que pensa, o cérebro entrega dor somente quando recebe estímulos para isso, da mesma maneira também entrega prazer quando estimulado, ele entrega sempre o que for pedido, ou seu pensamento cria seu ambiente, ou você permite que o ambiente crie seu pensamento.

Você atrai tudo o que sua mente desejar, dinheiro, fama, saúde ou os seus equivalentes como escassez, rejeição e doença, é o que acredita que gera seus resultados, tudo começa na sua mente, se você fizer uma análise de todos os temores que você carregava, constatará que o que mais temia aconteceu, em qualquer área que colocamos nossa atenção ou energia, ela se expande, e receberemos a mesma proporção de retorno, nem mais, nem menos. Mesmo que você se julgue apto e altamente eficaz em uma determinada área, o sucesso esperado não ocorrerá por seu mero talento ou expectativa, mas se realmente suas crenças estiverem alinhadas com seus objetivos, caso contrário elas sempre o sabotarão em algum momento, pois o que está em seu subconsciente age instintivamente, prevalecendo sobre sua mente consciente e analítica.

A verdade não exige tua concordância, apenas teu reconhecimento, por isso não procure o que te agrada, mas o que é verdadeiro, não é um processo de aprendizagem, mas de reaprendizagem para que o discernimento apareça.

Se você não se definir com uma nova visão do futuro, então você será conduzido pelas velhas memórias do passado, e isso irá prever sua vida futura.

O cemitério é um terreno lotado de mentes brilhantes, de boas ideias sepultadas junto a pessoas que preferiram levar seus projetos para o seguro buraco da sepultura, pois morriam de medo de se arriscar e levaram consigo as dádivas e os talentos que receberam quando chegaram, por escolherem mantê-los guardados por toda a sua existência no seguro gazofilácio de suas emoções.

> Amados, não deis crédito a qualquer espírito; antes, porém, avaliai com cuidado se os espíritos procedem de Deus, porquanto muitos falsos profetas têm saído pelo mundo. (1 João 4:1)

5

PROPÓSITO

    Certa vez escutei uma história sobre um homem que passeava com seu filho em um certo bosque; admirado com o encanto do lugar, o menino repentinamente avistou uma onça que espreitava um coelho, em busca de sua refeição; o coelho, atento ao movimento de seu predador, iniciou uma corrida frenética seguida pela onça; o menino, com pena do coelho, começou a chorar e falou: "papai, coitadinho, a onça vai alcançá-lo"; o pai carinhosamente abraçou o filho e disse: "acalme-se, o coelho vai vencer a corrida"; o menino sem entender perguntou: "mas, papai, a onça não é maior e mais rápida?", "Sim, — o pai respondeu — porém um corre pela vida, e outro apenas por uma refeição".

    Essa breve história nos leva a uma reflexão. Estamos realmente engajados em busca daquilo que queremos alcançar? Propósito vai muito mais além do que apenas disciplina, é um esvaziar-se por completo de você mesmo, onde não há campo ou tempo para nenhuma ou quaisquer distrações, autopiedade ou vitimismo, apenas o próprio propósito é a natureza de todas as suas ações.

    Não há nada que impeça o seu êxito se você se propuser a realizar seus sonhos com propósito, nada nasce da indiferença, da preguiça ou da falta de ambição, é preciso um desejo ardente de ser e fazer; muitas pessoas têm a convicção errônea sobre os que alcançaram o ápice em suas vidas nas áreas que se propuseram a percorrer, de que foram agraciados por talentos ou circunstâncias que ocorreram em seu ambiente, lhes impulsionando a tal façanha; é fato que algumas pessoas têm maior facilidade ou dom em algum campo específico, mas a maioria das que chegaram ao topo de suas ambições tiveram um único tópico em comum, ação; e muitos com talentos ainda maiores do que os que lá chegaram continuam sentados na plateia, procurando desculpas para justificar não encontrarem o caminho para o palco.

Essas crenças aprisionam mentes brilhantes a viverem uma vida medíocre diante da esplêndida graça existencial que lhes foi concedida, condicionando tudo ao espaço-tempo, amanhã eu começo, depois eu faço, isso não é problema meu. Viver o propósito não é odiar e se afastar dos problemas, mas amá-los a tal ponto que buscar a solução é a sua única opção; em vez de elaborar desculpas e terceirizá-los, quando você os resolve, gera valor, canaliza a solução e converte no plano físico em monetização, engajamento e bem-estar.

O propósito não é apenas bater na porta, é bater até que ela se abra, o foco tem de ser canalizado para o objetivo tão somente, sem distrações. Lembre-se da síndrome do pato, que corre, nada e voa, mas não faz nenhuma dessas ações com êxito; estar preparado para as adversidades do caminho é de suma importância, pois serão barreiras que exigirão esforços por vezes descomunais, por isso prefira suar no treino do que sangrar em campo.

Somos todos iguais perante Deus, e temos o mesmo direito e acesso à abundância infinita e próspera para tudo aquilo que desejarmos; porém é necessário se propor a acessá-la, a comparação e o medo da crítica são os elementos mais poderosos da inércia, lembre-se que vivemos em livre-arbítrio, quer você acredite que consegue fazer uma coisa ou não, você está certo. Opiniões são os bens mais baratos da terra, todo mundo tem uma coleção delas pronta para dar a quem quiser ouvi-las. Se você é muito influenciado pelas opiniões dos outros quando toma decisões, não terá sucesso em nenhuma empreitada.

Milhares de homens e mulheres carregam complexos de inferioridade durante toda a vida porque uma pessoa bem-intencionada, mas ignorante, destruiu sua confiança com opiniões ou ridicularização.

Se você quer ter autoridade, domínio, conhecimento e fazer as coisas, precisa enfrentar aquilo que o limita; é necessário sair da zona de conforto, pois é nela que se ancora a estabilidade, contrária da prosperidade, ninguém pode querer alcançar o essencial se não estiver disposto a se afastar do trivial.

As pessoas que não conseguem se manter em um propósito que as levaria ao êxito têm o hábito de tomar decisões muito lentamente, quando tomam, e de mudar essas decisões de forma rápida e frequente.

Para vivermos um propósito de vida, é necessário nos esvaziarmos de nós mesmos, como fez Jesus Cristo, negando toda oferta que este mundo nos dispõe para os deleites das paixões da carne, que nos faz prisioneiros de nós mesmos e dos outros, vivendo no ciclo dos prazeres imediatos, nos tirando do caminho que deveríamos estar percorrendo para que se cumprisse o objetivo almejado.

Negar-se a si mesmo significa não acolher o desejo carnal que clama por alento momentâneo, é não permitir que o ego domine e se retroalimente do merecimento egoísta em detrimento do mérito a alcançar, com intuito de agradar momentaneamente a você ou a outros; se o seu propósito é ter um corpo definido, por exemplo, se limite a uma alimentação balanceada, a exercícios físicos regularmente, nada que seja contrário ao necessário para obter o resultado desejado pode distrair você, por mais tentador que seja, qualquer deslize o tira do caminho do êxito.

O seu propósito é a prioridade, a essência que o faz transpor vales virgens até o topo imponente da montanha, sem permitir que as adversidades lhe proponham a impossibilidade, que vozes fundamentadas na pedagogia do medo o paralisem, pois quem alcança o que até então era impossível aos olhos humanos não carrega em sua bagagem opiniões que possam tirá-lo do percurso, mas segue firme cruzando pelas sombras dos vales, pois carrega consigo a certeza do esplendor da luz que verá ao chegar ao cume.

Viver um propósito exige de você humildade, obediência absoluta e a firme convicção de sua soberania absoluta sobre qualquer outro desejo que não esteja em comunhão com ele; a verdade é como poesia, mas a grande maioria da humanidade não gosta de poesia, graça e desgraça carregam em si dores, mas uma o faz atravessar, a outra permanecer, a escolha é sua.

> Ó Yahweh, tu guardarás em perfeita paz aquele cujo propósito está alicerçado em ti, porquanto deposita em ti toda a sua confiança! (Isaías 26:3)

6

PRINCÍPIOS

Os princípios são o que molda seu caráter, sua essência interior, aquilo que você atribui como valores inegociáveis, incorruptivos e intransponíveis diante de qualquer circunstância, pois são os pilares que norteiam suas atitudes e decisões.

Muitos homens que viveram em gerações com recursos escassos em relação à atualidade transformaram a humanidade por decidirem caminhar e agir por princípios, elevando-os ao patamar mais radiante do seu significado; porém, durante a evolução da humanidade, por interesse de domínio sobre a massa, algumas mentes poderosas e influentes iniciaram um processo de deturpação e rechaço em relação aos princípios, dividindo a população em grupos que exaltam apenas a bandeira que levantam, não permitindo a inclusão de quem não usufrui dos mesmos manjares.

Isso levou a humanidade ao colapso da gestão emocional, criando seres extremamente individualistas, trancafiados no casulo de um mundo internalizado pelos desafetos e aflições, mas, se toda transformação é possível, seja para o bem ou para o mal, podemos nos libertar desse algoz maligno e destrutivo, abrigando-nos ao guarda-chuva dos princípios.

A maior autoridade sobre princípios na história da humanidade sem dúvidas foi Jesus Cristo, viveu e morreu por eles, mesmo tentado a níveis incompreensíveis, não aceitou nenhuma oferta que não estivesse em concordância com eles, princípio da fé, do amor, da humildade, da obediência e do acolhimento são alguns entre tantos outros, deixando seu legado permanente e eterno.

Imagine você na travessia de um deserto, em busca de uma terra prometida a todos os seus, uma terra sem precedentes, muito abundante de todos os recursos materiais e espirituais que você possa imaginar; mas esse deserto lhe oferta no percurso ininterruptamente a realização de qualquer desejo seu, qualquer que possa imaginar, menos o que se encontra somente no final da travessia, pois pertence apenas aos que ousam chegar; mas, se você aceitar, se interrompe imediatamente toda e qualquer chance de acesso à terra prometida.

Ativado pelo princípio da obediência às regras indispensáveis para tal feito, você inicia a jornada, afinal há a promessa de uma vida eterna, com todos os recursos desejáveis e infindáveis ao seu dispor. Você está convencido(a) de que o sacrifício momentâneo não é tão doloroso diante da glória que o espera, afinal a promessa é o ápice desejado por todo ser. Mas é a essa armadilha que a maioria de nós é atraída e acaba por interromper a realização dos mais brilhantes sonhos, pois acabam por aceitar deleites momentâneos para acalentarem o sacrifício necessário e indispensável para concluir o projeto que o levaria ao deleite eterno. Quem anda por princípios reconhece essa necessidade de resistir a qualquer oferta no caminho, pois não busca apenas chegar, mas permanecer no eterno.

Foi essa mesma experiência que Jesus Cristo vivenciou, tentado por Satanás três vezes enquanto jejuava e orava no deserto por quarenta dias e quarenta noites, resistiu a todas as propostas oferecidas pelo inimigo, por mais tentadoras que fossem, pois estava ancorado em seus princípios, que norteavam sua missão. Você pode apontar o fato de Jesus ser o filho unigênito de Deus, sendo assim mais fácil resistir a toda investida tentadora, mas absolutamente não, ele estava propício às mesmas tentações e desejos que nós, afinal era um ser humano de carne e osso, exposto da mesma forma a todos os desejos e sentimentos que eu e você possuímos; e se assim não fosse, não faria sentido algum sua missão, bastaria usar seus poderes advindos da sua divindade e decidir acabar com tudo o que não lhe convinha, e criar tudo o que desejasse.

Sua missão era vencer o mundo a partir dos princípios universais que regem toda a natureza desde a sua concepção pelo criador, os quais são imutáveis, mas não replicáveis pela nossa natureza pecaminosa, que se deleita com o ódio, a inveja, os julgamentos e as condenações fundamentadas na defesa do próprio ego em que o pecado se ancora; ele triunfou sobre todos os desejos mundanos que a carne possa ofertar, ensinando por meio do testemunho mais nobre de todos, entregar a própria vida em oferta de um caminho à disposição de todos, se tornando o princípio e o fim de tudo, caminho que torna possível viver a outra face das trevas, a verdadeira luz, amando e abstendo-se de si próprio em prol do próximo, até tudo convergir em um só em plena harmonia, como era na glória que tínhamos com o criador no princípio. Cumpriu sua missão dada pela inteligência infinita do universo, em misericórdia a todos, sem arranhar nenhum de seus princípios, afinal, se eles não forem as âncoras de sua jornada, não há missão que possa ser cumprida e triunfar na sua glória.

Princípios levam você além dos próprios sonhos que ouse sonhar, seu desejo momentâneo o aprisiona onde jamais desejaria estar.

Noé é outro personagem que levou anos construindo uma arca, norteado pelos princípios da fé e obediência, não hesitou em nenhum momento em executar o projeto enviado pelo criador, para que fosse salvo no dia do dilúvio; mesmo quando as evidências físicas e as pessoas zombavam dele, afirmando de que isso seria impossível de ocorrer, ele permaneceu fiel e obediente na execução da obra, até o dia em que foi honrado por sua obediência e fé.

Outro homem que usou do princípio para executar seus planos foi Hitler, a soberania e o poder, sob seu prisma, foram a âncora de um projeto que matou milhares de judeus e levou muitos seguidores a o ajudarem na execução de seu projeto, o de expandir a Alemanha nazista para o restante do planeta; porém ele não conseguiu executar seu plano em sua totalidade, pois alguns princípios são opostos à lei natural do universo, a de que o bem sempre vence o mal.

Se você quer realizar com êxito seus projetos de vida, é preciso escolher quais princípios vão ancorar seus pilares, pois é sobre eles que concretizará seus sonhos; casas ou arranha-céus necessitam de fortes fundações para se manterem edificados; sem a âncora dos princípios corretos, estará em um barco à deriva, navegando por mares impetuosos sem destino, até que inevitavelmente o naufrágio aconteça.

Nós como humanos ansiamos pelo resultado imediato, sem se preocupar com os fundamentos e os processos necessários, por isso muitos projetos que obtêm algum sucesso desmoronam com a mesma velocidade em que chegaram ao topo; se você analisar o princípio da natureza, verá que uma grande árvore primeiro cresce no oculto do subsolo, silenciosamente, ancorando suas raízes na fonte de sustentação e suprimentos necessários para mantê-la firme e forte em relação às adversidades que irá enfrentar; assim que surge sobre o solo terreno, ela aparece pequena, cresce e gera frutos regularmente em sua estação, e quando podada, expande ainda mais seus ramos, pois suas raízes são maiores e mais fortes que sua extensão externa.

O maior atributo de sua mente é a capacidade de saber escutar, permitindo que somente entre aquilo que a mente projetada em princípios permita, não importando o que a sabedoria humana lhe diga, o que a evidência de seus sentidos lhe mostre, se não estiver de acordo com o princípio instalado em sua consciência, ele permanecerá intransponível. Quando você permite que somente entrem visitantes dignos e honrosos no palco de sua mente, eles instalarão a boa impressão, e com o tempo ela se torna a sua expressão, tornando-se como pedra, intransponível, insubornável, não importando mais o tipo de visitante que lhe bater à porta.

Antes de querer mudar o mundo, lembre-se que você é um mundo cheio de oportunidades, de graça e de posse da centelha divina, capaz de criar e transformar qualquer obstáculo em degrau para a escada de seus sonhos, porém é necessário estar em sintonia com seu próprio ser, fundamentado em princípios para conseguir transformar a sua realidade e tudo em sua volta.

Pare de ver você no mundo e passe a ver o mundo em você mesmo, quem não é fiel à sua própria consciência tem uma dívida impagável consigo mesmo.

Quanto a vós outros, zelai para que aquilo que ouvistes desde o princípio permaneça em vossos corações. Porquanto, se o que ouvistes permanecer em vós, de igual modo permanecereis no Filho e no Pai. (1 João 2:24)

7

PERDÃO

O perdão não é um sentimento, é uma decisão. Decidir pela liberdade, livrar-se das amarguras de um jugo pesado e constante que o mantém paralisado, inalando doses diárias de um veneno letal, o ódio. Odiar é como tomar veneno querendo que o outro tenha os sintomas colaterais, muitas pessoas acreditam que o ato de perdoar é sinalizar fraqueza ou concordância, mas não é a verdade, é um ato grandioso dos que ousam ser fortes para seguirem em frente em vez de permanecer paralisados concordando com a fraqueza de não superarem as próprias amarguras.

Há uma teoria sobre os antigos assírios que relata a punição dada a um homicida até seu julgamento, eles amarravam o cadáver sobre suas costas e se julgado condenado, permanecia com ele amarrado até o corpo entrar em decomposição, fazendo com que o homicida acabasse se contaminando pelas bactérias e germes, acabando por apodrecer junto; porém, quando ele era absolvido, perdoado, eles desamarravam o cadáver de suas costas, permitindo seguir seu caminho, assim somos nós quando perdoamos, não esquecemos a experiência, mas nos absolvemos das bactérias e germes que nos levam a apodrecer.

O principal trabalho de Satanás, ou o nome que você deseje dar para a representatividade do mal, é fazer com que o ciclo da maldade não seja interrompido, pois ele o odeia e quer que você tenha a mesma petulância de ser o juiz inquiridor, julgando e sentenciando a partir da constituição escrita por suas experiências, que balizam em sua mente o que é certo ou errado em seu mundo como verdade absoluta; o mal se retroalimenta por meio do sistema acusatório, seus erros ou os de outros necessitam de um autoquestionamento sobre a verdadeira natureza do ocorrido e não de um julgamento sentenciado por suas teorias emocionais.

Uma história conta que havia um cavalo amarrado em uma árvore, um demônio veio e o soltou; o cavalo entrou na horta de camponeses vizinhos e começou a comer tudo; a mulher do dono da horta quando viu aquilo pegou o rifle e matou o cavalo; o dono do cavalo viu ele morto, ficou enraivecido e também pegou seu rifle e atirou contra a mulher; ao voltar para casa, o camponês encontrou a mulher morta e matou o dono do cavalo; os filhos do dono do cavalo, ao verem o pai morto, queimaram a fazenda do camponês; o camponês em represália os matou. Aí perguntaram para o demônio o que ele havia feito. E ele respondeu: "Não fiz nada, só soltei o cavalo". O diabo faz coisas simples e a nossa consciência pecaminosa faz o resto.

O Amor não traz consigo o ódio, assim como o perdão também não contém o julgar, pois é um ato que não condiciona parâmetros para ser liberado, e permite a nós e ao próximo a libertação, para um recomeço sem o peso do fardo da transgressão cometida.

Em um mundo onde a matéria prevalece às vezes sobre o relacionamento; onde o egocentrismo se sobrepõe ao interesse coletivo; onde as críticas e as cobranças são extremamente superiores aos aplausos, a um abraço, uma palavra de conforto, um gesto que contribua para o crescimento em vez de desconstruir nossa própria espécie pelo mero prazer do julgamento alheio pela nossa consciência imatura.

Uma certa vez fui questionado, após aconselhar um parente a perdoar um ato errôneo cometido por um funcionário seu que havia saído de sua empresa, recebendo a seguinte pergunta: como posso perdoar quem me faz mal? A minha resposta naquele momento não foi sobre os benefícios que o perdão traria a ele próprio, mas sobre os sentimentos que ele havia absorvido e o fariam agir da mesma forma, transformando-o em farinha do mesmo saco. Se você revidar com o mesmo ódio que recebeu, se equivale na mesma instância, não podendo condenar a atitude como errada, pois está se estabelecendo no mesmo reino, o do ódio; e quando os elementos do próprio reino se levantam contra si mesmo, ele não pode subsistir. O perdão neutralizaria a situação, criando pontes para a reconciliação, ensinando a partir da busca pela compreensão e entendimento; e não condenando, o julgamento pode levá-lo à mesma situação do julgado, para que você o entenda, criando empatia pela dor do outro.

O perdão somente habita no ser que não viola a própria consciência por conveniência, se seus projetos fracassaram ou se você tivesse alguma experiência traumática, a tendência inicial é atribuir as perdas às pessoas ou a alguma circunstância ocorrida, o seu ego nesse momento obscurece a verdadeira natureza dos fatos; você mesmo atribui ao evento ocorrido o significado baseado nas crenças arquivadas de que sempre é uma fonte externa o elemento culpado pelas falhas ocorridas; é preciso coragem para ir na fonte dos fatos e trazê-los à verdadeira luz, analise-o sem a ótica dos sentimentos e você terá a clareza do combustível propulsor que o levou a passar por essa situação, isso lhe permite reavaliar os conceitos e atribuir um novo significado.

As pessoas e as circunstâncias não nos ferem, somos nós que permitimos, criando expectativas por vezes sobre-humanas, de nós e dos outros, e quando não correspondidas à altura de nossa concepção, nos frustramos; claro que temos que ter expectativas positivas sobre as pessoas e as coisas, porém é preciso saber que somos seres humanos, em constante evolução, sujeitos a falhas, que poderão ser modificadas apenas com o reconhecimento e acolhimento, sem isso é impossível evoluir; permita-se libertar-se das amarras que o prendem ao passado, você não está mais lá, viva seu presente na posse da verdadeira consciência, onde o perdão habita permanentemente.

Nela encontramos a verdadeira paz, vivendo como irmãos, em unidade, nos limitando a amar e a celebrar, e não sendo deuses dos destinos alheios, julgando suas falhas e condenando o que deveria ser visto como um aprendizado necessário para evolução de nossos seres; nesta breve experiência existencial, não absorva a toxina de alguém que se propôs a viver de tal forma, pois você só carrega aquilo que permite entrar no seu coração.

Enquanto em inércia, somos controlados; imagine que você seja um avião taxiando na pista de um aeroporto, mas está com sobrepeso no compartimento de bagagens, mantendo-o em solo indeterminadamente, o perdão é a retirada desse excesso, permitindo que você decole em busca de novos destinos, é a nova aliança, da escolha consciente em viver embaixo da graça, e não da lei.

Se o seu desejo é viver em um mundo de predominância da alegria, da paz e da harmonia, precisa usar as armas que neutralizam a continuidade das causas que trazem dor e sofrimento; retornando o bem para o mal, o amor para o ódio, a não violência para a violência. Diante da observância de um erro, você tem sempre duas opções: apontar o dedo ou estender a mão; quem afirma estar na luz, mas odeia seu irmão, continua nas trevas, o perdão evita inúmeras tragédias, ele apaga o estopim que dá início a guerras entre nações, restaura famílias, conduz o pecador à salvação, você detém o poder de transformar discórdias em sinfonias de fraternidade.

> Não julgueis e não sereis julgados; não condeneis e não sereis condenados; perdoai e sereis perdoados. Dai sempre, e recebereis sobre o vosso colo uma boa medida, calcada, sacudida, transbordante; generosamente vos darão. Portanto, à medida que usares para medir o teu próximo, essa mesma será usada para vos medir. (Lucas 6:37-38)

8

O RENASCIMENTO

Renascer é recomeçar sob a ótica do desapego de tudo pelo qual você tem apreço neste mundo, que o faz ancorar na ilusão de que se apegar a algo pode acalentar suas dúvidas ou incertezas sobre seu futuro; não é possível construir algo novo sobre velhos escombros, é preciso recolher, reciclar e desapegar para que o terreno fique limpo e apto para receber qualquer novo projeto concebido; o recomeço pode leva-lo mais longe do que os próprios sonhos que você tinha no começo, no entanto você necessita de uma arma muito maior que a motivação, a ativação. Ativar o outro eu que habita em você, um eu que não reconhece o fracasso e a perda como fim, mas como fase; que não permite a realidade apresentada por seus sentidos, mas que crê naquilo que os olhos ainda não viram, segundo a sua fé.

Fé em si mesmo, no criador, no universo esplêndido de infinitas oportunidades, nas dimensões acima do que sua visão física lhe apresenta, enxergando obstáculos como degraus para conquistar o que vislumbrar, caminhando sem olhos na nuca, com convicção da realização e da conquista, se libertando de tudo que não seja para edificação.

No livro bíblico de João 3,3, Jesus afirma que quem não nascer de novo não pode ver o reino de Deus, o reino onde não habita o impossível, onde todas as coisas são possíveis ao que crê, sem nenhum vestígio de dúvida em seu coração, mas com a gratidão de já ter alcançado a graça esperada.

Nascer de novo é renascer em si mesmo, é negar aos desejos e às concupiscências da carne, e viver segundo o espírito, que tem acesso às regiões celestes onde tudo o quanto você pedir lhe será dado, não mais vivendo segundo o que este mundo proporciona, enterrando o velho homem, que vivia pelos cinco sentidos, que somente cria no que via, para passar a ver como já concebido aquilo em que crer. Desabilitando o vasto gênero de crenças terrenas, com o eu presente e observador, deixando que as emoções existam, mas não mais permitindo que elas dominem suas decisões e atos, não necessitando da lógica terrena para realização de seus desejos.

Recomeçar não significa não haver mais dificuldades e barreiras pelo caminho, mas traspassá-las, contornando-as da posse de uma nova perspectiva, de um novo eu, renascido para viver a plenitude da graça. Desligar o piloto automático é o início para transição, nosso cérebro funciona pelo princípio da inércia, sempre contra tudo que consome energia, mantendo-se intransponível ao verdadeiro eu, tentando manter o velho hábito, na zona de conforto, em um ciclo infindável de repetições do mesmo para o mesmo.

Todo processo necessário para transformar ruínas em honra requer um esforço exponencial para destruir o velho e emergir o novo, enterrando aquele que silenciosamente o leva a tomar decisões e atitudes com base no ego soberano que todo ser humano possui, levando a rotular pessoas e coisas que nos ajudariam por vezes a viver o esplêndido, mas quanto mais deixar o ego julgar e rotular, mais você isola as coisas; é preciso detê-lo quando a sua manifestação ocorrer, analisando-o como observador, permitindo que ele fale, mas apenas observando-o, sem tomar nenhuma atitude, com o tempo ele silencia e você conseguirá manifestar apenas o que deseja; lembre-se que as coisas são o significado que damos a elas, nada além disso.

Jesus Cristo, maior mestre da história, conseguiu transformar lágrimas em alegria, perdas em glória e transmitia sabedoria em forma de parábolas para imergir o ser na reflexão, enquanto o mundo o perseguia. Sem derramar uma gota de sangue alheio, mudou a matriz socioemocional da humanidade, mas como ele fez isso? Tem um dito que diz o seguinte: desistindo de pouco se obtém pouco, desistindo de muito se obtém muito, desistindo de tudo se obtém tudo. O desistir é o começo do desfrutar, desistir do egocentrismo, do juiz inquiridor, do perfeccionismo, do rotulado, da ganância, da altivez, da inveja, do medo do que pensam sobre você, somente dessa forma virá à luz o que é a essência natural do ser, podendo assim transpor aquilo que antes era instransponível.

Existem inúmeros testemunhos de pessoas que tiveram perdas extremas em alguma área de suas vidas, em seus relacionamentos, nas suas profissões, perdas de entes queridos, falências financeiras, entre outros. Muitos deles se reergueram de seus traumas porque optaram por recomeçar, renascer das cinzas, dar uma nova chance para si mesmo e para a vida; olhar para o que está desmoronado o impossibilita de enxergar algum bem equivalente para reiniciar uma nova história; se mantida ativa, essa crença continuará seu ciclo destrutivo sobre os escombros dilacerados pelas lamúrias da visitação, permanente sobre aquilo que não há como trazer à vida novamente.

Se, por exemplo, você possui uma casa e decide construir no local um edifício, ou uma casa maior e mais bonita, precisa derrubar a velha casa para poder executar o novo projeto; assim somos nós, se não reconhecermos a necessidade de destruir o velho, não conseguiremos construir o novo.

Você precisa saber quem é, para não se tornar o que outros querem que você se torne, governar sobre si mesmo é o que o levará ao destino desejado, deixar que as emoções e opiniões o controlem ceifa seus mais brilhantes sonhos, enxergar a humanidade como unidade indissolvível, como espécie no caminho evolutivo, nos torna recíprocos às necessidades humanas, e não parte de um grupo que se divide e isola qualquer conjunto de ideias que não esteja de acordo com as suas convicções e crenças.

Quando não sei quem sou, te sirvo; quando sei quem sou, sou você. Essa frase define a atitude de alguém que renasceu, pois compreendeu o quão importante é vivermos em unidade, o significado de ser, deixa o ambiente do egocentrismo e passa a contemplar a vida como essência em um todo, onde conseguimos ver o próximo como parte nossa, filhos de uma mesma divindade, merecedores de igual forma de todas as bênçãos disponíveis.

O renascer é ter a verdade como única bússola a ser seguida em todos os seus caminhos, quando você tira a ótica comparativa do centro de sua atenção, permanece apenas a essência do que é verdadeiro, se tornando simples e leve tudo aquilo que antes aparentava ser um caos para você. Comparar-se com as circunstâncias alheias gera um nível de insatisfação permanente, nosso mundo toma sentido quando somos nossa própria natureza, renascidos para viver gratos pelos dons únicos que recebemos quando nascemos; sim, procuramos e reivindicamos aquilo que já possuímos, mas ao deixarmos predominar o ego, bloqueamos a manifestação de toda riqueza interna que sempre esteve conosco.

Os atributos que você recebeu, e carrega silenciados pelo medo da exposição a opiniões, são sementes que você não recebeu para serem guardadas, mas semeadas, para germinar e se tornar uma grande árvore, gerando frutos de prosperidade, cura e paz a si mesmo e ao mundo. Negar-se a si mesmo é não permitir ao medo bloquear a semeadura, e sim semear o que recebeu mesmo quando ele tentar se impor, o medo é a crença no mal, e o mal veio para roubar, matar e destruir. Roubar seus sonhos, matar sua esperança e destruir a oportunidade de você viver uma vida plena no âmbito da graça e desfrute.

Renasça para aquilo que você nasceu, a essência da simplicidade, o mais é menos, saia da tempestade da complexidade, da crença da ridicularização, libere o perdão às estrelas, viva por princípios, faça com que a proposta que carrega seja seu propósito a cada amanhecer. Você não veio a este mundo para enterrar as sementes que lhe foram dadas no momento em que partir, mas para semeá-las no solo dos corações férteis; estenda os benefícios que possui a mais pessoas, não procure por unanimidade, ela não existe, sua missão é espalhar as sementes, o solo é que se encarrega de germinar.

Uma semente carrega em si milhares de outras sementes para a perpetuação da espécie, plante suas melhores sementes, dai e recebeis.

Para que seus desejos se tornem realidade na sua vida, haja como se já o possuísse, mesmo que ainda não esteja de posse dele, mentalize e sinta a emoção de possuí-lo, aja com gratidão pelo desejo nascido em seu coração, permaneça fiel ao cultivo dos princípios estabelecidos pelas leis naturais do universo; e as sementes que um dia foram apenas um sonho em sua vida germinarão até gerarem os frutos da abundância; tudo que existe no plano físico e emocional nasceu de um pensamento, antes de você ter, é preciso ser.

A verdadeira consciência é observar os pensamentos e as ações, para poder agir com base em escolhas verdadeiras, feitas no presente, e não na programação passada, trata-se do poder de agir a partir do "eu superior". Cabe, portanto, a cada um de nós evoluir em consciência até emergir a verdadeira identidade que nos habita, para acrescentar mais luz ao mundo.

Seja ousado(a), ousadia não é ausência de timidez, ousadia é a coragem vencendo o medo; se permita renascer, recomeçar e revisitar o passado somente para abrir arquivos que possam alavancar você de alguma forma para o futuro, caso contrário o abandone onde ele deve estar, atrás de você, dê as costas para o que deu errado e siga em frente; a culpa é vaidade do ego, prepotência de ser perfeito; a perfeição está na ação, ao agir semeando o bem que possui você causa a ignição que o universo necessita para lhe enviar o complemento necessário para você colher os frutos nas estações vindouras; siga sabiamente, o sábio não tem todas as respostas, o sábio não tem mais perguntas.

Jamais permita que algo ou alguém destrua seu desejo de praticar o bem, a evolução de sua consciência é a força motriz para transformar seus invernos em primaveras. Lute sempre pelos seus sonhos, as sementes deixadas por seus frutos germinarão no coração de muitos outros sonhadores!

Havia, entre os fariseus, um homem chamado Nicodemos, membro do supremo tribunal dos judeus. Ele, de noite, procurou a Jesus e lhe disse: "Rabi, sabemos que és Mestre vindo da parte de Deus; porque ninguém pode fazer esses sinais que estás realizando, se Deus não estiver com ele." Jesus respondeu-lhe, declarando: "Em verdade, em verdade te asseguro que, se alguém não nascer de novo, não pode ver o reino de Deus."

Nicodemos questionou-o: "Como pode um homem nascer, sendo velho? Pode, todavia, entrar pela segunda vez no ventre de sua mãe e nascer novamente?" Arrazoou Jesus: "Em verdade, em verdade te asseguro: quem não nascer da água e do Espírito não pode entrar no reino de Deus. O que é nascido da carne é carne; mas o que nasce do Espírito é espírito. Não te surpreendas pelo fato de eu te haver dito: 'deveis nascer de novo'. O vento sopra onde quer, você escuta o seu som, mas não sabe de onde vem, nem para onde vai; assim ocorre com todos os nascidos do Espírito." (João 3:1-8)

Obrigado por dedicar o seu precioso tempo à leitura deste livro.

Audimar Schuaste

REFERÊNCIA DAS CITAÇÕES

BÍBLIA Português. BibleHub.com. 2004-2018. Disponível em: https://bibliaportugues.com. Acesso em: 17 jan. 2023.